LEARN 101 VERBS IN 1 DAY

APRENDE EN 1 DÍA 101 VERBOS

RORY RYDER

Francisco Garnica

Published by
Tsunami Systems, S.L.
Pje Mallofre, 3 Bajos, Sarriá, Barcelona, Spain
www.learnverbs.com

First Edition Tsunami Systems S.L. 2004
First reprint Tsunami Systems S.L. 2005
Copyright © Rory Ryder 2004
Copyright © Illustrations Rory Ryder 2004
Copyright © Coloured verb tables Rory Ryder 2004
Intellectual Copyright © Rory Ryder 2004

The Author asserts the moral right to be identified as the author of this work under the copyright designs and patents Act 1988.

English Version
ISBN 84-609-4539-1

Illustrated by Francisco Garnica
Photoshop specialist by Olivia Branco, olivia_branco@yahoo.es
Printed and bound by IGOL S.A.
San Gabriel, 50, 08950, Esplugues de Llobregat, Spain

All rights reserved. No part of this publication may be reproduced, stored in a retrieval system, or transmitted, in any form or by any means, electronic, mechanical, photocopying, recording or otherwise, without the prior permission of the publishers.

ALL RIGHTS RESERVED WORLDWIDE

Editorial
Tsunami Systems, S.L.
Pje Mallofre, 3 Bajos, Sarriá, Barcelona, Spain
www.learnverbs.com

Primera Edition Tsunami Systems S.L. 2004
© Rory Ryder 2004
© Ilustraciones, Rory Ryder 2004
© Tablas de color de los verbos, Rory Ryder 2004
© Propiedad Intelectual Rory Ryder 2004

Todos los derchos reservados.Esta publicación no puede ser reproducida,ni en todo ni en parte,ni registrada en o transmitida por,un sistema de recuperación de información,en ninguna forma ni por ningún medio,sea mecánico,fotoquímico,electrónico,magnético,electróptico,por fotocopia,o cualquier otro,sin el permiso previo por escrito de la editorial.

Versión Español
ISBN 84-609-5466-8

Ilustraciones - Francisco Garnica
Printed and bound IGOL S.A.
San Gabriel, 50, 08950, Esplugues de Llobregat, Spain

All "Learn 101 verbs in a day" books are protected as Intellectual Property.

The unique teaching method of all "LEARN 101 VERBS IN 1 DAY" books (in any language) is based on these 3 principles and protected by Intellectual Property Laws:

1) Layout of any verb conjugations in any columns and rows in any different colours.
2) Any type of image which whilst describing the "actions" and meaning of a verb include the actual word within each picture.
3) Audio pronunciation in any format to correspond with this unique verb table formula.

Any publishers or persons wishing to contact Tsunami Systems about the Copyright or Intellectual Property Rights of these books should contact   info@learnverbs.com

Todos los "Aprende en un dia 101 verbos en..." están protegidos como Propiedad Intelectual.

El método único de enseñanza de todos los libros "Aprende en un dia 101 verbos en..." (en cualquier idioma) esta basado en estos tres principios, y están protegidos por la ley de la Propiedad Intelectual como:

1) La presentación de cualquier conjugación de verbos en columnas / filas y colores.
2) Cualquier tipo de imágen que describa la acción y / o el significado de un verbo, incorpora el verbo en su forma infinitiva dentro de cada imágen.
3) La pronunciación de audio en cualquier formato que corresponda a esta formula única de tabla de verbos.

Cualquier editorial o persona que desee contactar con la editorial Tsunami Systems sobre el copyright o la propiedad intelectual de los derechos de este libro, debe contactar con: info@learverbs.com

Tsunami Systems was founded in 2003 in Barcelona, one of the world's most dynamic cities. Our company has quickly established itself internationally as a leader in innovative approaches to language learning. The `Learn 101 Verbs in 1 Day´ series, with its `unique interactive pronunciation website´ is a clear example of Tsunami Systems' philosophy. Our books are radically different from all other verb books as they encourage independent learning, whilst injecting fun and humour into the process.

Barcelona, una de las ciudades más cosmopolitas del mundo, vio nacer Tsunami Systems en el año 2003. A pesar de su corta vida, esta editorial se ha convertido en líder internacional gracias a su innovador método de aprendizaje de lenguas. La serie *Aprende 101 verbos en 1 día* y la página web de Pronunciación Interactiva que le acompaña son, sin duda, una clara muestra de la filosofía de Tsunami Systems: podrá aprender a su ritmo y con total autonomía las formas verbales y su pronunciación.'

to Barcelona

a Barcelona

Reviews

Testimonials from Heads of M.F.L. & Teachers using the books with their classes around the U.K.

Sue Tricio - Thurrock & Basildon College – *"This book is easy to refer to and very good for learning the raw forms of the verbs and the pictures are a great help for triggering the memory. The way the story comes together is quite amazing and students found the colour-coded verb tables extremely useful, allowing the eye to go straight to the tense they are working on. Students have found the speaking pronunciation on your website very useful and I would say that when it is used correctly this book is idiot-proof."*

Suzi Turner – Hulme Hall Grammar School – *"An invaluable and motivational learning tool which is bright and focused and easy for pupils to relate to. I think it's an extremely clever idea and I wish I'd thought of it myself - and got it published! Both the pupils & myself loved using it."*

Mrs. K. Merino – Head of Spanish – North London Collegiate School – *"My students really enjoy the pictures because they are intriguing and amusing and they thought the verb tables were excellent for revising for their GCSE Spanish exams."*

Maggie Bowen – Head of Year 11 – Priory Community School -*"An innovative & motivating book that fires the imagination, turning grammar into a non-frightening & enlightening element of learning a language. A much awaited medium that helps to accelerate student's learning & achievement."*

Karen Brooks – Spanish Teacher – Penrice Community College – *"Verbs are bought to life in this book through skilful use of humorous storytelling. This innovative approach to language learning transforms an often dull and uninspiring process into one which is refreshing and empowering."*

Susana Boniface - Kidderminster College -*"Beautifully illustrated, amusing drawings, guaranteed to stay easily in the mind. A very user-friendly book. Well Done!"*

Sandra Browne Hart – Great Cornard Technology College -*"Inspired – the colour-coding reinforces the dependable patterns of Spanish verbs, in* *whatever tense. The pictures are always entertaining - a reminder that we also learn through laughter and humour."*

R. Place – Tyne Metropolitan College – *"The understanding and learning of verbs is probably the key to improving communication at every level. With this book verbs can be learnt quickly and accurately."*

Mrs. A. Coles – High Down School – *"Superb presentation. Very clear colour-coding of different tenses. Nice opportunity to practice the pronunciation. It appealed to one colleague who had never done Spanish but wanted to get started 'after seeing the book.' A great compliment to you!"*

Lynda McTier – Lipson Community College - *"No more boring grammar lessons!!! This book is a great tool for learning verbs through excellent illustrations. A must-have for all language learners."*

Christine Ransome – Bearwood College - *"A real gem of a linguistic tool which will appeal to both the serious scholar and the more casual learner. The entertaining presentation of basic grammar is inspirational, and its simplicity means more retained knowledge, especially amongst dyslexic language scholars."*

Ann Marie Buteman – St Edwards – *"The book is attractive, enlightening and intriguing. The students enjoy the pictures and retain the meaning. The coloured system for tenses is great! Visually, the book maintains enthusiasm and inspires and accelerates the assimilation of verbs and tenses. Superb!"*

Paul Delaney - St Martins - *"We have relatively few Spanish students but we have to get them to GCSE quickly. This verb guide is an ideal supplement to their textbooks and an invaluable aid for coursework success. The free online resources are an added bonus and 100% of all students thought this website was a good idea."*

Mrs. Eames - Akeley Wood School – *Good quality, easy to use – and a fantastic idea of colouring the verbs. It's a super facility to have pronunciation on the website. Students have turned around from lack of enthusiasm & feeling overwhelmed by verbs to 'this is fun, Miss!' and learning 3 verbs in a lesson – a first, very impressed. This book has renewed my interest too."*

Opiniones

La opinión de PROFESORES

Maggie Bowen – *Priory Community School* – *"Innovador e imaginativo. Acerca la gramática de forma entendedora al alumno, acelerando su aprendizaje".*

Karen Brooks – *Penrice Community College* – *"Los verbos aparecen contextualizados gracias al uso de historias ocurrentes y divertidas. Un enfoque innovador que rompe con la monotonía del estudio gramatical".*

Mrs G Bartolome – *Plockton High School* – *"Una bocanada de aire fresco lleno de creatividad".*

Susana Boniface – *Kidderminster College* – *"Magníficamente ilustrado, visualmente atractivo. De lectura fácil y comprensible".*

Dr Marianne Ofner – *Whitgift School* – *"Ideal para aprender los veros de forma amena, promoviendo la autonomía de los alumnos".*

Gail Bruce – *Woodhouse Grove School* – *"Estoy encantado con la respuesta positiva de mis alumnos tras utilizar este método. Enhorabuena".*

Janet R Holland – *Moorland School* – *"Estructura clara y simple con ilustraciones atractivas y llenas de colorido. Su guía de pronunciación es muy útil para la preparación de exámenes orales."*

Cheryl Smedley – *Manchester Academy* – *"Da respuesta a las necesidades individuales de los alumnos".*

R Place – *Tynemouth College* – *"Entender y dominar las formas verbales es esencial para mejorar la expresión oral. Con este libro el alumno aprenderá los verbos de forma rápida y eficaz".*

Mrs C Quirk – *Northwood College* – *"Su presentación humaniza un aspecto gramatical complicado y provoca el interés del lector, facilitando la memorización o el repaso".*

y ESTUDIANTES

Will Fergie – *(EBAY)* – *"El método es el sueño de cualquier estudiante. Interesante, sencillo de usar, claro, conciso y divertido. Un nuevo concepto en la enseñanza de idiomas".*

Alice Dobson – *Hull High School* – *"Un libro único y esencial para comprender las formas verbales con unas ilustraciones excepcionales".*

Tamara Oughtred – *Hull Grammar School* – *"Enhorabuena por crear un libro que no haga bostezar a los cinco minutos de lectura".*

Introduction

Memory When learning a language, we often have problems remembering the words; it does not mean we have totally forgotten them. It just means that we can't recall them at that particular moment. This book is designed to help people recall the verbs and their conjugations instantly.

The Research Research has shown that one of the most effective ways to remember something is by association. The way the verb (keyword) has been hidden in each illustration to act as a retrieval cue stimulates long-term memory. This method is 7 times more effective than passively reading and responding to a list of verbs.

> *"I like the idea of pictures to help students learn verbs. This approach is radically different from many other more traditional approaches. I feel that many students will find this approach effective and extremely useful in their language learning."*
>
> **Cathy Yates** – *Mid Warwickshire College*

New Approach Most grammar and verb books relegate the vital task of learning verbs to a black & white world of bewildering tables, leaving the student bored and frustrated. LEARN 101 VERBS IN 1 DAY is committed to clarifying the importance of this process through stimulating the senses not by dulling them.

Beautiful Illustrations The illustrations come together to form a story, an approach beyond conventional verb books. To make the most of this book, spend time with each picture to become familiar with everything that is happening. The pictures construct a story involving characters, plots & subplots, with clues

> *"An innovative way of looking at the often tedious task of learning verbs. Clever illustrations are memorable and this is the way forward – visual interest is vital for the modern day pupil."*
>
> **Tessa Judkins** – *Canbury School*

that add meaning to other pictures. Some pictures are more challenging than others, adding to the fun but, more importantly, aiding the memory process.

Keywords We have called the infinitive the 'keyword' to refer to its central importance in remembering the 36 ways it can be used. Once you have located the keyword and made the connection with the illustration, you can start to learn each colour-tense.

> "Apart from the colourful and clear layout of the verbs, the wonderful pictures are a source of inspiration even for the most bored of minds and can lead to all kinds of discussions at different levels of learning. Hiding the verbs in the picture is a great version of "Where's Wally" AND the book has a story-line!"
>
> **Andy Lowe** – The Bolitho School

Colour-Coded Verb Tables The verb tables are designed to save learners valuable time by focusing their attention and allowing them to make immediate connections between the subject and verb. Making this association clear & simple from the beginning gives them more confidence to start speaking the language.

Independent Learning LEARN 101 VERBS IN 1 DAY can be used as a self-study book, or it can be used as part of a teacher-led course. Pronunciation of all the verbs and their conjugations (spoken by a native speaker) are available online at:

> *"The online pronunciation guide is an excellent tool. Why bother with silly phonetics when you can actually hear a native speaker pronounce it?"*
>
> *www.barcelonaconnect.com*

🔊))) www.learnverbs.com.

Master the Verbs Once you are confident with each colour-tense, congratulate yourself because you will have learnt over 3600 verb forms - an achievement that takes some people years to master!

Introducción

Recordar El hecho de no recordar un verbo en un momento determinado no significa que lo hayamos olvidado por completo. Este libro está diseñado para ayudarnos a recordar rápidamente el verbo y sus conjugaciones.

Ilustraciones Las características más innovadoras de este libro son la ilustración de una situación para entender o recordar el significado del verbo en cuestión y la utilización de un código de colores para identificar los tiempos verbales.

> *"Me encanta la idea de usar dibujos para ayudar a los alumnos a aprender los verbos. Este enfoque es totalmente diferente al utilizado por la mayoría de gramáticas tradicionales. Estoy convencida de que para muchos alumnos este método será una herramienta útil y eficaz".*
> **Cathy Yates** – *Mid Warwickshire College*

Enfoque Revolucionario Learn 101 Verbs in 1 Day representa un enfoque revolucionario en el aprendizaje de idiomas, centrándose en los verbos más utilizados y facilitando su rápida memorización o su simple repaso.

Aprendizaje Básico No cabe duda que el aprendizaje de las conjugaciones verbales es básico para alcanzar el dominio de cualquier lengua. A pesar de ello, la mayoría de gramáticas relegan este aspecto a una multitud de tablas desconcertantes y monótonas que simplemente consiguen la frustración y el abandono del alumno.

> *"Presentación colorista e ilustraciones atractivas que motivan al lector y le ayudan a reconocer los verbos".*
> **Kant Mann** – *Beechen Cliff*

En cambio, el libro que tiene en sus manos hará del estudio de los tiempos verbales una experiencia divertida y gratificante gracias al uso de ilustraciones llamativas y tablas de colores, ahorrándole tiempo y animándole al uso de la expresión oral del idioma.

Innovación Pedagógica Diversos estudios han demostrado que una de las estrategias más eficaces que existen para recordar lo aprendido es la asociación de ideas. Por ello, la forma en la que el verbo se esconde en cada ilustración no es casual. El aprendizaje activo y no la lectura pasiva de un listado de infinitivos quintuplica su facilidad para una memorización posterior.

Para aprovechar al máximo este libro, examine con detenimiento cada ilustración hasta familiarizarse con todos los detalles. Descubrirá un relato, personajes que aparecen en diversas ocasiones, simbolismos, argumentos principales y secundarios e ilustraciones que se complementan las unas con las otras.

En algunos casos, le será difícil descifrar el verbo que describe la situación. Pero no se preocupe, ello estimulará tanto su interés como la memoria.

> *"Claro y útil para distinguir las formas verbales. Considerado el mejor libro de verbos por los alumnos".*
>
> **Andrea White** – *Bristol Grammar School*

Palabras Clave

El infinitivo constituye la palabra clave ya que mediante su aprendizaje y visualización conseguirá recordar fácilmente las treinta y seis formas en que puede ser usado. Una vez haya localizado el verbo y la ilustración, puede empezar a estudiar cada color (que marca un tiempo verbal)

Estimulando el Aprendizaje Autónomo

Learn 101 Verbs in 1 day puede ser utilizado como libro de autoaprendizaje o puede complementar cualquier método o clase. La pronunciación de los verbos y sus respectivas conjugaciones puede consultarse en Internet en la siguiente página web:

🔊) www.learnverbs.com.

> *"La guía de pronunciación online es una herramienta excelente. ¿Por qué complicarse en explicar símbolos fonéticos cuando se puede oír la pronunciación de un nativo?"*
>
> *www.barcelonaconnect.com*

La guía de pronunciación online es una herramienta excelente. ¿Por qué complicarse en explicar símbolos fonéticos cuando se puede oír la pronunciación de un nativo?

Domine los Verbos Rápidamente

Una vez se haya familiarizado con cada color (tiempo verbal), ¡enhorabuena! – Significa que ha aprendido más de 3600 formas verbales en un tiempo récord, ya que muchas personas tardan años en conseguirlo.

Age Guide

AGE	Locate all verbs in the 101 illustrations.	Learn Tense(s).	Build sentences using the verbs.	Go to website and learn the pronunciation of the verb.	Have full command of all conjugations spoken and written.
8-12	✓	●	✗	✗	✗
12-16	✓	●●●	✓	✓	✗
Advanced	✓	●●●●●●●	✓	✓	✓

Manual de uso por edades

Regular Verbs

		-ar Hablar	-er Beber	-ir Decidir
Presente	Yo Tú Ella Nos. Vos. Ellas	Habl o Habl as Habl a Habl amos Habl áis Habl an	Beb o Beb es Beb e Beb emos Beb éis Beb en	Decid o Decid es Decid e Decid imos Decid ís Decid en
Imperfecto de Indicativo	Yo Tú Ella Nos. Vos. Ellas	Habl aba Habl abas Habl aba Habl ábamos Habl abais Habl aban	Beb ía Beb ías Beb ía Beb íamos Beb íais Beb ían	Decid ía Decid ías Decid ía Decid íamos Decid íais Decid ían
Pretérito	Yo Tú Ella Nos. Vos. Ellas	Habl é Habl aste Habl ó Habl amos Habl asteis Habl aron	Beb í Beb iste Beb ió Beb imos Beb isteis Beb ieron	Decid í Decid iste Decid ió Decid imos Decid isteis Decid ieron
Futuro	Yo Tú Ella Nos. Vos. Ellas	Hablar é Hablar ás Hablar á Hablar emos Hablar éis Hablar án	Beber é Beber ás Beber á Beber emos Beber éis Beber án	Decidir é Decidir ás Decidir á Decidir emos Decidir éis Decidir án
Condicional Simple	Yo Tú Ella Nos. Vos. Ellas	Hablar ía Hablar ías Hablar ía Hablar íamos Hablar íais Hablar ían	Beber ía Beber ías Beber ía Beber íamos Beber íais Beber ían	Decidir ía Decidir ías Decidir ía Decidir íamos Decidir íais Decidir ían
Perfecto de Indicative	Yo Tú Ella Nos. Vos. Ellas	He habl ado Has habl ado Ha habl ado Hemos habl ado Habéis habl ado Han habl ado	He beb ido Has beb ido Ha beb ido Hemos beb ido Habéis beb ido Han beb ido	He decid ido Has decid ido Ha decid ido Hemos decid ido Habéis decid ido Han decid ido

to direct   Dirigir

🔊 learnverbs.com

Sub.	Presente	Imperfecto	Pretérito	Futuro	Cond.	Perfecto
Yo	dirijo	dirigía	dirigí	dirigiré	dirigiría	he dirigido
Tú	diriges	dirigías	dirigiste	dirigirás	dirigirías	has dirigido
Él Ella Ud.	dirige	dirigía	dirigió	dirigirá	dirigiría	ha dirigido
Nos.	dirigimos	dirigíamos	dirigimos	dirigiremos	dirigiríamos	hemos dirigido
Vos.	dirigís	dirigíais	dirigisteis	dirigiréis	dirigiríais	habéis dirigido
Ellos Ellas Uds.	dirigen	dirigían	dirigieron	dirigirán	dirigirían	han dirigido

Tener 2 — to have

Sub.	Presente	Imperfecto	Pretérito	Futuro	Cond.	Perfecto
Yo	tengo	tenía	tuve	tendré	tendría	he tenido
Tú	tienes	tenías	tuviste	tendrás	tendrías	has tenido
Él Ella Ud.	tiene	tenía	tuvo	tendrá	tendría	ha tenido
Nos.	tenemos	teníamos	tuvimos	tendremos	tendríamos	hemos tenido
Vos.	tenéis	teníais	tuvisteis	tendréis	tendríais	habéis tenido
Ellos Ellas Uds.	tienen	tenían	tuvieron	tendrán	tendrían	han tenido

to want — Querer

Sub.	Presente	Imperfecto	Pretérito	Futuro	Cond.	Perfecto
Yo	quiero	quería	quise	querré	querría	he querido
Tú	quieres	querías	quisiste	querrás	querrías	has querido
Él Ella Ud.	quiere	quería	quiso	querrá	querría	ha querido
Nos.	queremos	queríamos	quisimos	querremos	querríamos	hemos querido
Vos.	queréis	queríais	quisisteis	querréis	querríais	habéis querido
Ellos Ellas Uds.	quieren	querían	quisieron	querrán	querrían	han querido

Poder   4   to be able to

puedo   irreg.

🔊 learnverbs.com

Sub.	Presente	Imperfecto	Pretérito	Futuro	Cond.	Perfecto
Yo	puedo	podía	pude	podré	podría	he podido
Tú	puedes	podías	pudiste	podrás	podrías	has podido
Él Ella Ud.	puede	podía	pudo	podrá	podría	ha podido
Nos.	podemos	podíamos	pudimos	podremos	podríamos	hemos podido
Vos.	podéis	podíais	pudisteis	podréis	podríais	habéis podido
Ellos Ellas Uds.	pueden	podían	pudieron	podrán	podrían	han podido

to create — Crear

🔊 learnverbs.com

Sub.	Presente	Imperfecto	Pretérito	Futuro	Cond.	Perfecto
Yo	creo	creaba	creé	crearé	crearía	he creado
Tú	creas	creabas	creaste	crearás	crearías	has creado
Él / Ella / Ud.	crea	creaba	creó	creará	crearía	ha creado
Nos.	creamos	creábamos	creamos	crearemos	crearíamos	hemos creado
Vos.	creáis	creabais	creasteis	crearéis	crearíais	habéis creado
Ellos / Ellas / Uds.	crean	creaban	crearon	crearán	crearían	han creado

Pintar

to paint

🔊 learnverbs.com

Sub.	Presente	Imperfecto	Pretérito	Futuro	Cond.	Perfecto
Yo	pinto	pintaba	pinté	pintaré	pintaría	he pintado
Tú	pintas	pintabas	pintaste	pintarás	pintarías	has pintado
Él Ella Ud.	pinta	pintaba	pintó	pintará	pintaría	ha pintado
Nos.	pintamos	pintábamos	pintamos	pintaremos	pintaríamos	hemos pintado
Vos.	pintáis	pintabais	pintasteis	pintaréis	pintaríais	habéis pintado
Ellos Ellas Uds.	pintan	pintaban	pintaron	pintarán	pintarían	han pintado

to dance   **Bailar**

learnverbs.com

Sub.	Presente	Imperfecto	Pretérito	Futuro	Cond.	Perfecto
Yo	bailo	bailaba	bailé	bailaré	bailaría	he bailado
Tú	bailas	bailabas	bailaste	bailarás	bailarías	has bailado
Él Ella Ud.	baila	bailaba	bailó	bailará	bailaría	ha bailado
Nos.	bailamos	bailábamos	bailamos	bailaremos	bailaríamos	hemos bailado
Vos.	bailáis	bailabais	bailasteis	bailaréis	bailaríais	habéis bailado
Ellos Ellas Uds.	bailan	bailaban	bailaron	bailarán	bailarían	han bailado

Leer   to read

(morthy) reg

🔊 learnverbs.com

Sub.	Presente	Imperfecto	Pretérito	Futuro	Cond.	Perfecto
Yo	leo	leía	leí	leeré	leería	he leído
Tú	lees	leías	leíste	leerás	leerías	has leído
Él / Ella / Ud.	lee	leía	leyó	leerá	leería	ha leído
Nos.	leemos	leíamos	leímos	leeremos	leeríamos	hemos leído
Vos.	leéis	leíais	leísteis	leeréis	leeríais	habéis leído
Ellos / Ellas / Uds.	leen	leían	leyeron	leerán	leerían	han leído

to quit — Dejar

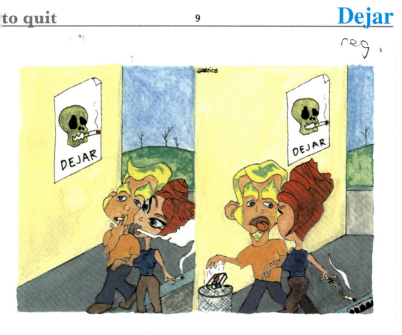

Sub.	Presente	Imperfecto	Pretérito	Futuro	Cond.	Perfecto
Yo	dejo	dejaba	dejé	dejaré	dejaría	he dejado
Tú	dejas	dejabas	dejaste	dejarás	dejarías	has dejado
Él Ella Ud.	deja	dejaba	dejó	dejará	dejaría	ha dejado
Nos.	dejamos	dejábamos	dejamos	dejaremos	dejaríamos	hemos dejado
Vos.	dejáis	dejabais	dejasteis	dejaréis	dejaríais	habéis dejado
Ellos Ellas Uds.	dejan	dejaban	dejaron	dejarán	dejarían	han dejado

Encontrar 10 to find

(cuento   reg.

learnverbs.com

Sub.	Presente	Imperfecto	Pretérito	Futuro	Cond.	Perfecto
Yo	encuentro	encontraba	encontré	encontraré	encontraría	he encontrado
Tú	encuentras	encontrabas	encontraste	encontrarás	encontrarías	has encontrado
Él Ella Ud.	encuentra	encontraba	encontró	encontrará	encontraría	ha encontrado
Nos.	encontramos	encontrábamos	encontramos	encontraremos	encontraríamos	hemos encontrado
Vos.	encontráis	encontrabais	encontrasteis	encontraréis	encontraríais	habéis encontrado
Ellos Ellas Uds.	encuentran	encontraban	encontraron	encontrarán	encontrarían	han encontrado

to grow — Crecer

Sub.	Presente	Imperfecto	Pretérito	Futuro	Cond.	Perfecto
Yo	crezco	crecía	crecí	creceré	crecería	he crecido
Tú	creces	crecías	creciste	crecerás	crecerías	has crecido
Él Ella Ud.	crece	crecía	creció	crecerá	crecería	ha crecido
Nos.	crecemos	crecíamos	crecimos	creceremos	creceríamos	hemos crecido
Vos.	crecéis	crecíais	crecisteis	creceréis	creceríais	habéis crecido
Ellos Ellas Uds.	crecen	crecían	crecieron	crecerán	crecerían	han crecido

learnverbs.com

Traer — to bring

irreg.

learnverbs.com

Sub.	Presente	Imperfecto	Pretérito	Futuro	Cond.	Perfecto
Yo	traigo	traía	traje	traeré	traería	he traído
Tú	traes	traías	trajiste	traerás	traerías	has traído
Él Ella Ud.	trae	traía	trajo	traerá	traería	ha traído
Nos.	traemos	traíamos	trajimos	traeremos	traeríamos	hemos traído
Vos.	traéis	traíais	trajisteis	traeréis	traeríais	habéis traído
Ellos Ellas Uds.	traen	traían	trajeron	traerán	traerían	han traído

to cook — Cocinar

learnverbs.com

Sub.	Presente	Imperfecto	Pretérito	Futuro	Cond.	Perfecto
Yo	cocino	cocinaba	cociné	cocinaré	cocinaría	he cocinado
Tú	cocinas	cocinabas	cocinaste	cocinarás	cocinarías	has cocinado
Él Ella Ud.	cocina	cocinaba	cocinó	cocinará	cocinaría	ha cocinado
Nos.	cocinamos	cocinábamos	cocinamos	cocinaremos	cocinaríamos	hemos cocinado
Vos.	cocináis	cocinabais	cocinasteis	cocinaréis	cocinaríais	habéis cocinado
Ellos Ellas Uds.	cocinan	cocinaban	cocinaron	cocinarán	cocinarían	han cocinado

Gustar

14

to like

3rd sing + plu ONLY

When using this verb it literally means "It pleases me."
To say "I like music." you would say "Me gusta musica." (Music pleases me.)
To say "I like bears." You would say "Me gustan osos." (Bears please me.)
Notice how when the thing you like is plural you use the plural form of the verb [second line].

	Presente	Imperfecto	Pretérito	Futuro	Cond.	Perfecto
me	gusta / gustan	gustaba / gustaban	gustó / gustaron	gustará / gustarán	gustaría / gustarían	ha gustado / han gustado
te	gusta / gustan	gustaba / gustaban	gustó / gustaron	gustará / gustarán	gustaría / gustarían	ha gustado / han gustado
le	gusta / gustan	gustaba / gustaban	gustó / gustaron	gustará / gustarán	gustaría / gustarían	ha gustado / han gustado
nos	gusta / gustan	gustaba / gustaban	gustó / gustaron	gustará / gustarán	gustaría / gustarían	ha gustado / han gustado
os	gusta / gustan	gustaba / gustaban	gustó / gustaron	gustará / gustarán	gustaría / gustarían	ha gustado / han gustado
les	gusta / gustan	gustaba / gustaban	gustó / gustaron	gustará / gustarán	gustaría / gustarían	ha gustado / han gustado

SAME

to open Abrir

learnverbs.com

Sub.	Presente	Imperfecto	Pretérito	Futuro	Cond.	Perfecto
Yo	abro	abría	abrí	abriré	abriría	he abierto
Tú	abres	abrías	abriste	abrirás	abrirías	has abierto
Él / Ella / Ud.	abre	abría	abrió	abrirá	abriría	ha abierto
Nos.	abrimos	abríamos	abrimos	abriremos	abriríamos	hemos abierto
Vos.	abrís	abríais	abristeis	abriréis	abriríais	habéis abierto
Ellos / Ellas / Uds.	abren	abrían	abrieron	abrirán	abrirían	han abierto

Beber

to drink

reg.

learnverbs.com

Sub.	Presente	Imperfecto	Pretérito	Futuro	Cond.	Perfecto
Yo	bebo	bebía	bebí	beberé	bebería	he bebido
Tú	bebes	bebías	bebiste	beberás	beberías	has bebido
Él Ella Ud.	bebe	bebía	bebió	beberá	bebería	ha bebido
Nos.	bebemos	bebíamos	bebimos	beberemos	beberíamos	hemos bebido
Vos.	bebéis	bebíais	bebisteis	beberéis	beberíais	habéis bebido
Ellos Ellas Uds.	beben	bebían	bebieron	beberán	beberían	han bebido

to sing — Cantar

Sub.	Presente	Imperfecto	Pretérito	Futuro	Cond.	Perfecto
Yo	canto	cantaba	canté	cantaré	cantaría	he cantado
Tú	cantas	cantabas	cantaste	cantarás	cantarías	has cantado
Él Ella Ud.	canta	cantaba	cantó	cantará	cantaría	ha cantado
Nos.	cantamos	cantábamos	cantamos	cantaremos	cantaríamos	hemos cantado
Vos.	cantáis	cantabais	cantasteis	cantaréis	cantaríais	habéis cantado
Ellos Ellas Uds.	cantan	cantaban	cantaron	cantarán	cantarían	han cantado

Dormir

18

to sleep

duermo

Sub.	Presente	Imperfecto	Pretérito	Futuro	Cond.	Perfecto
Yo	duermo	dormía	dormí	dormiré	dormiría	he dormido
Tú	duermes	dormías	dormiste	dormirás	dormirías	has dormido
Él Ella Ud.	duerme	dormía	durmió	dormirá	dormiría	ha dormido
Nos.	dormimos	dormíamos	dormimos	dormiremos	dormiríamos	hemos dormido
Vos.	dormís	dormíais	dormisteis	dormiréis	dormiríais	habéis dormido
Ellos Ellas Uds.	duermen	dormían	durmieron	dormirán	dormirían	han dormido

to go down — Bajar

Sub.	Presente	Imperfecto	Pretérito	Futuro	Cond.	Perfecto
Yo	bajo	bajaba	bajé	bajaré	bajaría	he bajado
Tú	bajas	bajabas	bajaste	bajarás	bajarías	has bajado
Él Ella Ud.	baja	bajaba	bajó	bajará	bajaría	ha bajado
Nos.	bajamos	bajábamos	bajamos	bajaremos	bajaríamos	hemos bajado
Vos.	bajáis	bajabais	bajasteis	bajaréis	bajaríais	habéis bajado
Ellos Ellas Uds.	bajan	bajaban	bajaron	bajarán	bajarían	han bajado

Sentarse — to sit down

siento

learnverbs.com

Sub.	Presente	Imperfecto	Pretérito	Futuro	Cond.	Perfecto
Yo	me siento	me sentaba	me senté	me sentaré	me sentaría	me he sentado
Tú	te sientas	te sentabas	te sentaste	te sentarás	te sentarías	te has sentado
Él/Ella/Ud.	se sienta	se sentaba	se sentó	se sentará	se sentaría	se ha sentado
Nos.	nos sentamos	nos sentábamos	nos sentamos	nos sentaremos	nos sentaríamos	nos hemos sentado
Vos.	os sentáis	os sentabais	os sentasteis	os sentaréis	os sentaríais	os habéis sentado
Ellos/Ellas/Uds.	se sientan	se sentaban	se sentaron	se sentarán	se sentarían	se han sentado

to play 21 **Jugar**

Juego

learnverbs.com

Sub.	Presente	Imperfecto	Pretérito	Futuro	Cond.	Perfecto
Yo	juego	jugaba	jugué	jugaré	jugaría	he jugado
Tú	juegas	jugabas	jugaste	jugarás	jugarías	has jugado
Él Ella Ud.	juega	jugaba	jugó	jugará	jugaría	ha jugado
Nos.	jugamos	jugábamos	jugamos	jugaremos	jugaríamos	hemos jugado
Vos.	jugáis	jugabais	jugasteis	jugaréis	jugaríais	habéis jugado
Ellos Ellas Uds.	juegan	jugaban	jugaron	jugarán	jugarían	han jugado

Poner   22   to put

irreg

🔊 learnverbs.com

Sub.	Presente	Imperfecto	Pretérito	Futuro	Cond.	Perfecto
Yo	pongo	ponía	puse	pondré	pondría	he puesto
Tú	pones	ponías	pusiste	pondrás	pondrías	has puesto
Él / Ella / Ud.	pone	ponía	puso	pondrá	pondría	ha puesto
Nos.	ponemos	poníamos	pusimos	pondremos	pondríamos	hemos puesto
Vos.	ponéis	poníais	pusisteis	pondréis	pondríais	habéis puesto
Ellos / Ellas / Uds.	ponen	ponían	pusieron	pondrán	pondrían	han puesto

to lose 23 Perder

pierd:

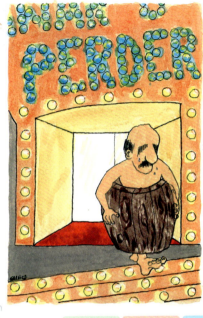

Sub.	Presente	Imperfecto	Pretérito	Futuro	Cond.	Perfecto
Yo	pierdo	perdía	perdí	perderé	perdería	he perdido
Tú	pierdes	perdías	perdiste	perderás	perderías	has perdido
Él Ella Ud.	pierde	perdía	perdió	perderá	perdería	ha perdido
Nos.	perdemos	perdíamos	perdimos	perderemos	perderíamos	hemos perdido
Vos.	perdéis	perdíais	perdisteis	perderéis	perderíais	habéis perdido
Ellos Ellas Uds.	pierden	perdían	perdieron	perderán	perderían	han perdido

Despertar — to wake up

Sub.	Presente	Imperfecto	Pretérito	Futuro	Cond.	Perfecto
Yo	despierto	despertaba	desperté	despertaré	despertaría	he despertado
Tú	despiertas	despertabas	despertaste	despertarás	despertarías	has despertado
Él Ella Ud.	despierta	despertaba	despertó	despertará	despertaría	ha despertado
Nos.	despertamos	despertábamos	despertamos	despertaremos	despertaríamos	hemos despertado
Vos.	despertáis	despertabais	despertasteis	despertaréis	despertaríais	habéis despertado
Ellos Ellas Uds.	despiertan	despertaban	despertaron	despertarán	despertarían	han despertado

to run — Correr

🔊 learnverbs.com

Sub.	Presente	Imperfecto	Pretérito	Futuro	Cond.	Perfecto
Yo	corro	corría	corrí	correré	correría	he corrido
Tú	corres	corrías	corriste	correrás	correrías	has corrido
Él Ella Ud.	corre	corría	corrió	correrá	correría	ha corrido
Nos.	corremos	corríamos	corrimos	correremos	correríamos	hemos corrido
Vos.	corréis	corríais	corristeis	correréis	correríais	habéis corrido
Ellos Ellas Uds.	corren	corrían	corrieron	correrán	correrían	han corrido

Caer — to fall

learnverbs.com

Sub.	Presente	Imperfecto	Pretérito	Futuro	Cond.	Perfecto
Yo	caigo	caía	caí	caeré	caería	he caído
Tú	caes	caías	caíste	caerás	caerías	has caído
Él Ella Ud.	cae	caía	cayó	caerá	caería	ha caído
Nos.	caemos	caíamos	caímos	caeremos	caeríamos	hemos caído
Vos.	caéis	caíais	caísteis	caeréis	caeríais	habéis caído
Ellos Ellas Uds.	caen	caían	cayeron	caerán	caerían	han caído

to search — **Buscar**

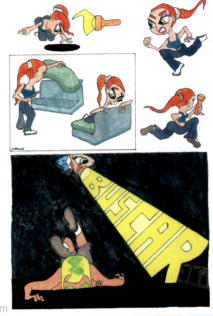

Sub.	Presente	Imperfecto	Pretérito	Futuro	Cond.	Perfecto
Yo	busco	buscaba	busqué	buscaré	buscaría	he buscado
Tú	buscas	buscabas	buscaste	buscarás	buscarías	has buscado
Él Ella Ud.	busca	buscaba	buscó	buscará	buscaría	ha buscado
Nos.	buscamos	buscábamos	buscamos	buscaremos	buscaríamos	hemos buscado
Vos.	buscáis	buscabais	buscasteis	buscaréis	buscaríais	habéis buscado
Ellos Ellas Uds.	buscan	buscaban	buscaron	buscarán	buscarían	han buscado

Salir

to go out

🔊 learnverbs.com

Sub.	Presente	Imperfecto	Pretérito	Futuro	Cond.	Perfecto
Yo	salgo	salía	salí	saldré	saldría	he salido
Tú	sales	salías	saliste	saldrás	saldrías	has salido
Él Ella Ud.	sale	salía	salió	saldrá	saldría	ha salido
Nos.	salimos	salíamos	salimos	saldremos	saldríamos	hemos salido
Vos.	salís	salíais	salisteis	saldréis	saldríais	habéis salido
Ellos Ellas Uds.	salen	salían	salieron	saldrán	saldrían	han salido

to shower 29 **Ducharse**

🔊 learnverbs.com

Sub.	Presente	Imperfecto	Pretérito	Futuro	Cond.	Perfecto
Yo	me ducho	me duchaba	me duché	me ducharé	me ducharía	me he duchado
Tú	te duchas	te duchabas	te duchaste	te ducharás	te ducharías	te has duchado
Él Ella Ud.	se ducha	se duchaba	se duchó	se duchará	se ducharía	se ha duchado
Nos.	nos duchamos	nos duchábamos	nos duchamos	nos ducharemos	nos ducharíamos	nos hemos duchado
Vos.	os ducháis	os duchabais	os duchasteis	os ducharéis	os ducharíais	os habéis duchado
Ellos Ellas Uds.	se duchan	se duchaban	se ducharon	se ducharán	se ducharían	se han duchado

Peinarse

to comb

learnverbs.com

Sub.	Presente	Imperfecto	Pretérito	Futuro	Cond.	Perfecto
Yo	me peino	me peinaba	me peiné	me peinaré	me peinaría	me he peinado
Tú	te peinas	te peinabas	te peinaste	te peinarás	te peinarías	te has peinado
Él Ella Ud.	se peina	se peinaba	se peinó	se peinará	se peinaría	se ha peinado
Nos.	nos peinamos	nos peinábamos	nos peinamos	nos peinaremos	nos peinaríamos	nos hemos peinado
Vos.	os peináis	os peinabais	os peinasteis	os peinaréis	os peinaríais	os habéis peinado
Ellos Ellas Uds.	se peinan	se peinaban	se peinaron	se peinarán	se peinarían	se han peinado

to get dressed — Vestirse

Sub.	Presente	Imperfecto	Pretérito	Futuro	Cond.	Perfecto
Yo	me visto	me vestía	me vestí	me vestiré	me vestiría	me he vestido
Tú	te vistes	te vestías	te vestiste	te vestirás	te vestirías	te has vestido
Él Ella Ud.	se viste	se vestía	se vistió	se vestirá	se vestiría	se ha vestido
Nos.	nos vestimos	nos vestíamos	nos vestimos	nos vestiremos	nos vestiríamos	nos hemos vestido
Vos.	os vestís	os vestíais	os vestisteis	os vestiréis	os vestiríais	os habéis vestido
Ellos Ellas Uds.	se visten	se vestían	se vistieron	se vestirán	se vestirían	se han vestido

Llegar

to arrive

learnverbs.com

Sub.	Presente	Imperfecto	Pretérito	Futuro	Cond.	Perfecto
Yo	llego	llegaba	llegué	llegaré	llegaría	he llegado
Tú	llegas	llegabas	llegaste	llegarás	llegarías	has llegado
Él Ella Ud.	llega	llegaba	llegó	llegará	llegaría	ha llegado
Nos.	llegamos	llegábamos	llegamos	llegaremos	llegaríamos	hemos llegado
Vos.	llegáis	llegabais	llegasteis	llegaréis	llegaríais	habéis llegado
Ellos Ellas Uds.	llegan	llegaban	llegaron	llegarán	llegarían	han llegado

to see — Ver

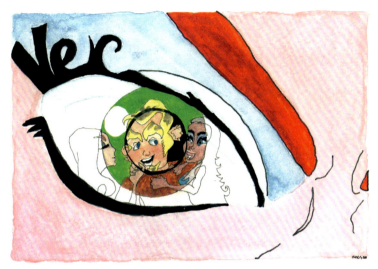

Sub.	Presente	Imperfecto	Pretérito	Futuro	Cond.	Perfecto
Yo	veo	veía	vi	veré	vería	he visto
Tú	ves	veías	viste	verás	verías	has visto
Él / Ella / Ud.	ve	veía	vio	verá	vería	ha visto
Nos.	vemos	veíamos	vimos	veremos	veríamos	hemos visto
Vos.	veis	veíais	visteis	veréis	veríais	habéis visto
Ellos / Ellas / Uds.	ven	veían	vieron	verán	verían	han visto

Gritar

to scream

learnverbs.com

Sub.	Presente	Imperfecto	Pretérito	Futuro	Cond.	Perfecto
Yo	grito	gritaba	grité	gritaré	gritaría	he gritado
Tú	gritas	gritabas	gritaste	gritarás	gritarías	has gritado
Él Ella Ud.	grita	gritaba	gritó	gritará	gritaría	ha gritado
Nos.	gritamos	gritábamos	gritamos	gritaremos	gritaríamos	hemos gritado
Vos.	gritáis	gritabais	gritasteis	gritaréis	gritaríais	habéis gritado
Ellos Ellas Uds.	gritan	gritaban	gritaron	gritarán	gritarían	han gritado

Oír
to hear

🔊 learnverbs.com

Sub.	Presente	Imperfecto	Pretérito	Futuro	Cond.	Perfecto
Yo	oigo	oía	oí	oiré	oiría	he oído
Tú	oyes	oías	oíste	oirás	oirías	has oído
Él Ella Ud.	oye	oía	oyó	oirá	oiría	ha oído
Nos.	oímos	oíamos	oímos	oiremos	oiríamos	hemos oído
Vos.	oís	oíais	oísteis	oiréis	oiríais	habéis oído
Ellos Ellas Uds.	oyen	oían	oyeron	oirán	oirían	han oído

Pelear

to fight

learnverbs.com

Sub.	Presente	Imperfecto	Pretérito	Futuro	Cond.	Perfecto
Yo	peleo	peleaba	peleé	pelearé	pelearía	he peleado
Tú	peleas	peleabas	peleaste	pelearás	pelearías	has peleado
Él Ella Ud.	pelea	peleaba	peleó	peleará	pelearía	ha peleado
Nos.	peleamos	peleábamos	peleamos	pelearemos	pelearíamos	hemos peleado
Vos.	peleáis	peleabais	peleasteis	pelearéis	pelearíais	habéis peleado
Ellos Ellas Uds.	pelean	peleaban	pelearon	pelearán	pelearían	han peleado

to separate 　　　　　　　　　　　　　　　　　　　　 Separar

learnverbs.com

Sub.	Presente	Imperfecto	Pretérito	Futuro	Cond.	Perfecto
Yo	separo	separaba	separé	separaré	separaría	he separado
Tú	separas	separabas	separaste	separarás	separarías	has separado
Él Ella Ud.	separa	separaba	separó	separará	separaría	ha separado
Nos.	separamos	separábamos	separamos	separaremos	separaríamos	hemos separado
Vos.	separáis	separabais	separasteis	separaréis	separaríais	habéis separado
Ellos Ellas Uds.	separan	separaban	separaron	separarán	separarían	han separado

Cerrar

to close

learnverbs.com

Sub.	Presente	Imperfecto	Pretérito	Futuro	Cond.	Perfecto
Yo	cierro	cerraba	cerré	cerraré	cerraría	he cerrado
Tú	cierras	cerrabas	cerraste	cerrarás	cerrarías	has cerrado
Él Ella Ud.	cierra	cerraba	cerró	cerrará	cerraría	ha cerrado
Nos.	cerramos	cerrábamos	cerramos	cerraremos	cerraríamos	hemos cerrado
Vos.	cerráis	cerrabais	cerrasteis	cerraréis	cerraríais	habéis cerrado
Ellos Ellas Uds.	cierran	cerraban	cerraron	cerrarán	cerrarían	han cerrado

to forget — Olvidar

Sub.	Presente	Imperfecto	Pretérito	Futuro	Cond.	Perfecto
Yo	olvido	olvidaba	olvidé	olvidaré	olvidaría	he olvidado
Tú	olvidas	olvidabas	olvidaste	olvidarás	olvidarías	has olvidado
Él / Ella / Ud.	olvida	olvidaba	olvidó	olvidará	olvidaría	ha olvidado
Nos.	olvidamos	olvidábamos	olvidamos	olvidaremos	olvidaríamos	hemos olvidado
Vos.	olvidáis	olvidabais	olvidasteis	olvidaréis	olvidaríais	habéis olvidado
Ellos / Ellas / Uds.	olvidan	olvidaban	olvidaron	olvidarán	olvidarían	han olvidado

Recordar

40   to remember

🔊 learnverbs.com

Sub.	Presente	Imperfecto	Pretérito	Futuro	Cond.	Perfecto
Yo	recuerdo	recordaba	recordé	recordaré	recordaría	he recordado
Tú	recuerdas	recordabas	recordaste	recordarás	recordarías	has recordado
Él Ella Ud.	recuerda	recordaba	recordó	recordará	recordaría	ha recordado
Nos.	recordamos	recordábamos	recordamos	recordaremos	recordaríamos	hemos recordado
Vos.	recordáis	recordabais	recordasteis	recordaréis	recordaríais	habéis recordado
Ellos Ellas Uds.	recuerdan	recordaban	recordaron	recordarán	recordarían	han recordado

to rain — Llover

Sub.	Presente	Imperfecto	Pretérito	Futuro	Cond.	Perfecto
	llueve	llovía	llovió	lloverá	llovería	ha llovido

Hablar

to talk

Sub.	Presente	Imperfecto	Pretérito	Futuro	Cond.	Perfecto
Yo	hablo	hablaba	hablé	hablaré	hablaría	he hablado
Tú	hablas	hablabas	hablaste	hablarás	hablarías	has hablado
Él Ella Ud.	habla	hablaba	habló	hablará	hablaría	ha hablado
Nos.	hablamos	hablábamos	hablamos	hablaremos	hablaríamos	hemos hablado
Vos.	habláis	hablabais	hablasteis	hablaréis	hablaríais	habéis hablado
Ellos Ellas Uds.	hablan	hablaban	hablaron	hablarán	hablarían	han hablado

to trip — Tropezar

Sub.	Presente	Imperfecto	Pretérito	Futuro	Cond.	Perfecto
Yo	tropiezo	tropezaba	tropecé	tropezaré	tropezaría	he tropezado
Tú	tropiezas	tropezabas	tropezaste	tropezarás	tropezarías	has tropezado
Él/Ella/Ud.	tropieza	tropezaba	tropezó	tropezará	tropezaría	ha tropezado
Nos.	tropezamos	tropezábamos	tropezamos	tropezaremos	tropezaríamos	hemos tropezado
Vos.	tropezáis	tropezabais	tropezasteis	tropezaréis	tropezaríais	habéis tropezado
Ellos/Ellas/Uds.	tropiezan	tropezaban	tropezaron	tropezarán	tropezarían	han tropezado

Patear

to kick

🔊 learnverbs.com

Sub.	Presente	Imperfecto	Pretérito	Futuro	Cond.	Perfecto
Yo	pateo	pateaba	pateé	patearé	patearía	he pateado
Tú	pateas	pateabas	pateaste	patearás	patearías	has pateado
Él Ella Ud.	patea	pateaba	pateó	pateará	patearía	ha pateado
Nos.	pateamos	pateábamos	pateamos	patearemos	patearíamos	hemos pateado
Vos.	pateáis	pateabais	pateasteis	patearéis	patearíais	habéis pateado
Ellos Ellas Uds.	patean	pateaban	patearon	patearán	patearían	han pateado

to think   **Pensar**

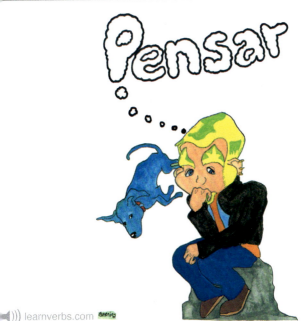

Sub.	Presente	Imperfecto	Pretérito	Futuro	Cond.	Perfecto
Yo	pienso	pensaba	pensé	pensaré	pensaría	he pensado
Tú	piensas	pensabas	pensaste	pensarás	pensarías	has pensado
Él Ella Ud.	piensa	pensaba	pensó	pensará	pensaría	ha pensado
Nos.	pensamos	pensábamos	pensamos	pensaremos	pensaríamos	hemos pensado
Vos.	pensáis	pensabais	pensasteis	pensaréis	pensaríais.	habéis pensado
Ellos Ellas Uds.	piensan	pensaban	pensaron	pensarán	pensarían	han pensado

Ser

to be

🔊 learnverbs.com

Sub.	Presente	Imperfecto	Pretérito	Futuro	Cond.	Perfecto
Yo	soy	era	fui	seré	sería	he sido
Tú	eres	eras	fuiste	serás	serías	has sido
Él Ella Ud.	es	era	fue	será	sería	ha sido
Nos.	somos	éramos	fuimos	seremos	seríamos	hemos sido
Vos.	sois	erais	fuisteis	seréis	seríais	habéis sido
Ellos Ellas Uds.	son	eran	fueron	serán	serían	han sido

to decide — Decidir

Sub.	Presente	Imperfecto	Pretérito	Futuro	Cond.	Perfecto
Yo	decido	decidía	decidí	decidiré	decidiría	he decidido
Tú	decides	decidías	decidiste	decidirás	decidirías	has decidido
Él / Ella / Ud.	decide	decidía	decidió	decidirá	decidiría	ha decidido
Nos.	decidimos	decidíamos	decidimos	decidiremos	decidiríamos	hemos decidido
Vos.	decidís	decidíais	decidisteis	decidiréis	decidiríais	habéis decidido
Ellos / Ellas / Uds.	deciden	decidían	decidieron	decidirán	decidirían	han decidido

Saber

to know

🔊 learnverbs.com

Sub.	Presente	Imperfecto	Pretérito	Futuro	Cond.	Perfecto
Yo	sé	sabía	supe	sabré	sabría	he sabido
Tú	sabes	sabías	supiste	sabrás	sabrías	has sabido
Él Ella Ud.	sabe	sabía	supo	sabrá	sabría	ha sabido
Nos.	sabemos	sabíamos	supimos	sabremos	sabríamos	hemos sabido
Vos.	sabéis	sabíais	supisteis	sabréis	sabríais	habéis sabido
Ellos Ellas Uds.	saben	sabían	supieron	sabrán	sabrían	han sabido

to change — Cambiar

Sub.	Presente	Imperfecto	Pretérito	Futuro	Cond.	Perfecto
Yo	cambio	cambiaba	cambié	cambiaré	cambiaría	he cambiado
Tú	cambias	cambiabas	cambiaste	cambiarás	cambiarías	has cambiado
Él Ella Ud.	cambia	cambiaba	cambió	cambiará	cambiaría	ha cambiado
Nos.	cambiamos	cambiábamos	cambiamos	cambiaremos	cambiaríamos	hemos cambiado
Vos.	cambiáis	cambiabais	cambiasteis	cambiaréis	cambiaríais	habéis cambiado
Ellos Ellas Uds.	cambian	cambiaban	cambiaron	cambiarán	cambiarían	han cambiado

Aprender   to learn

🔊 learnverbs.com

Sub.	Presente	Imperfecto	Pretérito	Futuro	Cond.	Perfecto
Yo	aprendo	aprendía	aprendí	aprenderé	aprendería	he aprendido
Tú	aprendes	aprendías	aprendiste	aprenderás	aprenderías	has aprendido
Él Ella Ud.	aprende	aprendía	aprendió	aprenderá	aprendería	ha aprendido
Nos.	aprendemos	aprendíamos	aprendimos	aprenderemos	aprenderíamos	hemos aprendido
Vos.	aprendéis	aprendíais	aprendisteis	aprenderéis	aprenderíais	habéis aprendido
Ellos Ellas Uds.	aprenden	aprendían	aprendieron	aprenderán	aprenderían	han aprendido

to study   Estudiar

Sub.	Presente	Imperfecto	Pretérito	Futuro	Cond.	Perfecto
Yo	estudio	estudiaba	estudié	estudiaré	estudiaría	he estudiado
Tú	estudias	estudiabas	estudiaste	estudiarás	estudiarías	has estudiado
Él / Ella / Ud.	estudia	estudiaba	estudió	estudiará	estudiaría	ha estudiado
Nos.	estudiamos	estudiábamos	estudiamos	estudiaremos	estudiaríamos	hemos estudiado
Vos.	estudiáis	estudiabais	estudiasteis	estudiaréis	estudiaríais	habéis estudiado
Ellos / Ellas / Uds.	estudian	estudiaban	estudiaron	estudiarán	estudiarían	han estudiado

Soñar

to dream

Sub.	Presente	Imperfecto	Pretérito	Futuro	Cond.	Perfecto
Yo	sueño	soñaba	soñé	soñaré	soñaría	he soñado
Tú	sueñas	soñabas	soñaste	soñarás	soñarías	has soñado
Él Ella Ud.	sueña	soñaba	soñó	soñará	soñaría	ha soñado
Nos.	soñamos	soñábamos	soñamos	soñaremos	soñaríamos	hemos soñado
Vos.	soñáis	soñabais	soñasteis	soñaréis	soñaríais	habéis soñado
Ellos Ellas Uds.	sueñan	soñaban	soñaron	soñarán	soñarían	han soñado

to start   **Empezar**

Sub.	Presente	Imperfecto	Pretérito	Futuro	Cond.	Perfecto
Yo	empiezo	empezaba	empecé	empezaré	empezaría	he empezado
Tú	empiezas	empezabas	empezaste	empezarás	empezarías	has empezado
Él Ella Ud.	empieza	empezaba	empezó	empezará	empezaría	ha empezado
Nos.	empezamos	empezábamos	empezamos	empezaremos	empezaríamos	hemos empezado
Vos.	empezáis	empezabais	empezasteis	empezaréis	empezaríais	habéis empezado
Ellos Ellas Uds.	empiezan	empezaban	empezaron	empezarán	empezarían	han empezado

Acabar

to finish

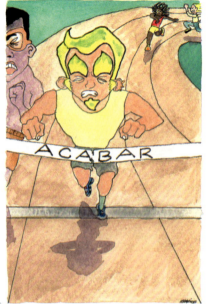

learnverbs.com

Sub.	Presente	Imperfecto	Pretérito	Futuro	Cond.	Perfecto
Yo	acabo	acababa	acabé	acabaré	acabaría	he acabado
Tú	acabas	acababas	acabaste	acabarás	acabarías	has acabado
Él Ella Ud.	acaba	acababa	acabó	acabará	acabaría	ha acabado
Nos.	acabamos	acabábamos	acabamos	acabaremos	acabaríamos	hemos acabado
Vos.	acabáis	acababais	acabasteis	acabaréis	acabaríais	habéis acabado
Ellos Ellas Uds.	acaban	acababan	acabaron	acabarán	acabarían	han acabado

to win · **Ganar**

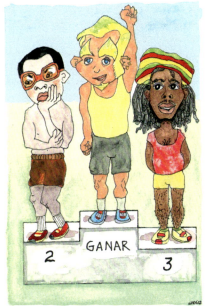

learnverbs.com

Sub.	Presente	Imperfecto	Pretérito	Futuro	Cond.	Perfecto
Yo	gano	ganaba	gané	ganaré	ganaría	he ganado
Tú	ganas	ganabas	ganaste	ganarás	ganarías	has ganado
Él Ella Ud.	gana	ganaba	ganó	ganará	ganaría	ha ganado
Nos.	ganamos	ganábamos	ganamos	ganaremos	ganaríamos	hemos ganado
Vos.	ganáis	ganabais	ganasteis	ganaréis	ganaríais	habéis ganado
Ellos Ellas Uds.	ganan	ganaban	ganaron	ganarán	ganarían	han ganado

Mentir

to (tell a) lie

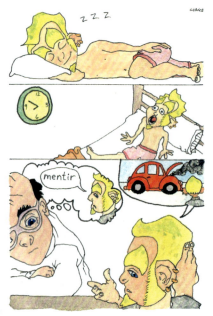

Sub.	Presente	Imperfecto	Pretérito	Futuro	Cond.	Perfecto
Yo	miento	mentía	mentí	mentiré	mentiría	he mentido
Tú	mientes	mentías	mentiste	mentirás	mentirías	has mentido
Él Ella Ud.	miente	mentía	mintió	mentirá	mentiría	ha mentido
Nos.	mentimos	mentíamos	mentimos	mentiremos	mentiríamos	hemos mentido
Vos.	mentís	mentíais	mentisteis	mentiréis	mentiríais	habéis mentido
Ellos Ellas Uds.	mienten	mentían	mintieron	mentirán	mentirían	han mentido

Evaluar

to test

🔊 learnverbs.com

Sub.	Presente	Imperfecto	Pretérito	Futuro	Cond.	Perfecto
Yo	evalúo	evaluaba	evalué	evaluaré	evaluaría	he evaluado
Tú	evalúas	evaluabas	evaluaste	evaluarás	evaluarías	has evaluado
Él / Ella / Ud.	evalúa	evaluaba	evaluó	evaluará	evaluaría	ha evaluado
Nos.	evaluamos	evaluábamos	evaluamos	evaluaremos	evaluaríamos	hemos evaluado
Vos.	evaluáis	evaluabais	evaluasteis	evaluaréis	evaluaríais	habéis evaluado
Ellos / Ellas / Uds.	evalúan	evaluaban	evaluaron	evaluarán	evaluarían	han evaluado

Conducir

to drive

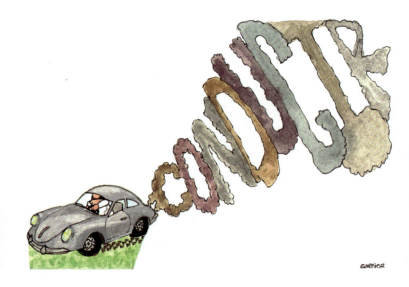

🔊 learnverbs.com

Sub.	Presente	Imperfecto	Pretérito	Futuro	Cond.	Perfecto
Yo	conduzco	conducía	conduje	conduciré	conduciría	he conducido
Tú	conduces	conducías	condujiste	conducirás	conducirías	has conducido
Él Ella Ud.	conduce	conducía	condujo	conducirá	conduciría	ha conducido
Nos.	conducimos	conducíamos	condujimos	conduciremos	conduciríamos	hemos conducido
Vos.	conducís	conducíais	condujisteis	conduciréis	conduciríais	habéis conducido
Ellos Ellas Uds.	conducen	conducían	condujeron	conducirán	conducirían	han conducido

to count   Contar

learnverbs.com

Sub.	Presente	Imperfecto	Pretérito	Futuro	Cond.	Perfecto
Yo	cuento	contaba	conté	contaré	contaría	he contado
Tú	cuentas	contabas	contaste	contarás	contarías	has contado
Él Ella Ud.	cuenta	contaba	contó	contará	contaría	ha contado
Nos.	contamos	contábamos	contamos	contaremos	contaríamos	hemos contado
Vos.	contáis	contabais	contasteis	contaréis	contaríais	habéis contado
Ellos Ellas Uds.	cuentan	contaban	contaron	contarán	contarían	han contado

Ordenar — to organise

Sub.	Presente	Imperfecto	Pretérito	Futuro	Cond.	Perfecto
Yo	ordeno	ordenaba	ordené	ordenaré	ordenaría	he ordenado
Tú	ordenas	ordenabas	ordenaste	ordenarás	ordenarías	has ordenado
Él Ella Ud.	ordena	ordenaba	ordenó	ordenará	ordenaría	ha ordenado
Nos.	ordenamos	ordenábamos	ordenamos	ordenaremos	ordenaríamos	hemos ordenado
Vos.	ordenáis	ordenabais	ordenasteis	ordenaréis	ordenaríais	habéis ordenado
Ellos Ellas Uds.	ordenan	ordenaban	ordenaron	ordenarán	ordenarían	han ordenado

Construir

to construct

learnverbs.com

Sub.	Presente	Imperfecto	Pretérito	Futuro	Cond.	Perfecto
Yo	construyo	construía	construí	construiré	construiría	he construido
Tú	construyes	construías	construiste	construirás	construirías	has construido
Él Ella Ud.	construye	construía	construyó	construirá	construiría	ha construido
Nos.	construimos	construíamos	construimos	construiremos	construiríamos	hemos construido
Vos.	construís	construíais	construisteis	construiréis	construiríais	habéis construido
Ellos Ellas Uds.	construyen	construían	construyeron	construirán	construirían	han construido

Limpiar

to clean

Sub.	Presente	Imperfecto	Pretérito	Futuro	Cond.	Perfecto
Yo	limpio	limpiaba	limpié	limpiaré	limpiaría	he limpiado
Tú	limpias	limpiabas	limpiaste	limpiarás	limpiarías	has limpiado
Él Ella Ud.	limpia	limpiaba	limpió	limpiará	limpiaría	ha limpiado
Nos.	limpiamos	limpiábamos	limpiamos	limpiaremos	limpiaríamos	hemos limpiado
Vos.	limpiáis	limpiabais	limpiasteis	limpiaréis	limpiaríais	habéis limpiado
Ellos Ellas Uds.	limpian	limpiaban	limpiaron	limpiarán	limpiarían	han limpiado

to polish — Pulir

learnverbs.com

Sub.	Presente	Imperfecto	Pretérito	Futuro	Cond.	Perfecto
Yo	pulo	pulía	pulí	puliré	puliría	he pulido
Tú	pules	pulías	puliste	pulirás	pulirías	has pulido
Él Ella Ud.	pule	pulía	pulió	pulirá	puliría	ha pulido
Nos.	pulimos	pulíamos	pulimos	puliremos	puliríamos	hemos pulido
Vos.	pulís	pulíais	pulisteis	puliréis	puliríais	habéis pulido
Ellos Ellas Uds.	pulen	pulían	pulieron	pulirán	pulirían	han pulido

Escribir — to write

Sub.	Presente	Imperfecto	Pretérito	Futuro	Cond.	Perfecto
Yo	escribo	escribía	escribí	escribiré	escribiría	he escrito
Tú	escribes	escribías	escribiste	escribirás	escribirías	has escrito
Él/Ella/Ud.	escribe	escribía	escribió	escribirá	escribiría	ha escrito
Nos.	escribimos	escribíamos	escribimos	escribiremos	escribiríamos	hemos escrito
Vos.	escribís	escribíais	escribisteis	escribiréis	escribiríais	habéis escrito
Ellos/Ellas/Uds.	escriben	escribían	escribieron	escribirán	escribirían	han escrito

Recibir

to receive

Sub.	Presente	Imperfecto	Pretérito	Futuro	Cond.	Perfecto
Yo	recibo	recibía	recibí	recibiré	recibiría	he recibido
Tú	recibes	recibías	recibiste	recibirás	recibirías	has recibido
Él Ella Ud.	recibe	recibía	recibió	recibirá	recibiría	ha recibido
Nos.	recibimos	recibíamos	recibimos	recibiremos	recibiríamos	hemos recibido
Vos.	recibís	recibíais	recibisteis	recibiréis	recibiríais	habéis recibido
Ellos Ellas Uds.	reciben	recibían	recibieron	recibirán	recibirían	han recibido

Dar — to give

🔊 learnverbs.com

Sub.	Presente	Imperfecto	Pretérito	Futuro	Cond.	Perfecto
Yo	doy	daba	di	daré	daría	he dado
Tú	das	dabas	diste	darás	darías	has dado
Él Ella Ud.	da	daba	dio	dará	daría	ha dado
Nos.	damos	dábamos	dimos	daremos	daríamos	hemos dado
Vos.	dais	dabais	disteis	daréis	daríais	habéis dado
Ellos Ellas Uds.	dan	daban	dieron	darán	darían	han dado

Mostrar
to show

Sub.	Presente	Imperfecto	Pretérito	Futuro	Cond.	Perfecto
Yo	muestro	mostraba	mostré	mostraré	mostraría	he mostrado
Tú	muestras	mostrabas	mostraste	mostrarás	mostrarías	has mostrado
Él Ella Ud.	muestra	mostraba	mostró	mostrará	mostraría	ha mostrado
Nos.	mostramos	mostrábamos	mostramos	mostraremos	mostraríamos	hemos mostrado
Vos.	mostráis	mostrabais	mostrasteis	mostraréis	mostraríais	habéis mostrado
Ellos Ellas Uds.	muestran	mostraban	mostraron	mostrarán	mostrarían	han mostrado

Besar

to kiss

learnverbs.com

Sub.	Presente	Imperfecto	Pretérito	Futuro	Cond.	Perfecto
Yo	beso	besaba	besé	besaré	besaría	he besado
Tú	besas	besabas	besaste	besarás	besarías	has besado
Él Ella Ud.	besa	besaba	besó	besará	besaría	ha besado
Nos.	besamos	besábamos	besamos	besaremos	besaríamos	hemos besado
Vos.	besáis	besabais	besasteis	besaréis	besaríais	habéis besado
Ellos Ellas Uds.	besan	besaban	besaron	besarán	besarían	han besado

Comprar

to buy

learnverbs.com

Sub.	Presente	Imperfecto	Pretérito	Futuro	Cond.	Perfecto
Yo	compro	compraba	compré	compraré	compraría	he comprado
Tú	compras	comprabas	compraste	comprarás	comprarías	has comprado
Él Ella Ud.	compra	compraba	compró	comprará	compraría	ha comprado
Nos.	compramos	comprábamos	compramos	compraremos	compraríamos	hemos comprado
Vos.	compráis	comprabais	comprasteis	compraréis	compraríais	habéis comprado
Ellos Ellas Uds.	compran	compraban	compraron	comprarán	comprarían	han comprado

Pagar

to pay

learnverbs.com

Sub.	Presente	Imperfecto	Pretérito	Futuro	Cond.	Perfecto
Yo	pago	pagaba	pagué	pagaré	pagaría	he pagado
Tú	pagas	pagabas	pagaste	pagarás	pagarías	has pagado
Él Ella Ud.	paga	pagaba	pagó	pagará	pagaría	ha pagado
Nos.	pagamos	pagábamos	pagamos	pagaremos	pagaríamos	hemos pagado
Vos.	pagáis	pagabais	pagasteis	pagaréis	pagaríais	habéis pagad
Ellos Ellas Uds.	pagan	pagaban	pagaron	pagarán	pagarían	han pagado

to go **Ir**

learnverbs.com

Sub.	Presente	Imperfecto	Pretérito	Futuro	Cond.	Perfecto
Yo	voy	iba	fui	iré	iría	he ido
Tú	vas	ibas	fuiste	irás	irías	has ido
Él Ella Ud.	va	iba	fue	irá	iría	ha ido
Nos.	vamos	íbamos	fuimos	iremos	iríamos	hemos ido
Vos.	vais	ibais	fuisteis	iréis	iríais	habéis ido
Ellos Ellas Uds.	van	iban	fueron	irán	irían	han ido

Casarse

to get married

Sub.	Presente	Imperfecto	Pretérito	Futuro	Cond.	Perfecto
Yo	me caso	me casaba	me casé	me casaré	me casaría	me he casado
Tú	te casas	te casabas	te casaste	te casarás	te casarías	te has casado
Él Ella Ud.	se casa	se casaba	se casó	se casará	se casaría	se ha casado
Nos.	nos casamos	nos casábamos	nos casamos	nos casaremos	nos casaríamos	nos hemos casado
Vos.	os casáis	os casabais	os casasteis	os casaréis	os casaríais	os habéis casado
Ellos Ellas Uds.	se casan	se casaban	se casaron	se casarán	se casarían	se han casado

Prohibir

to forbid

learnverbs.com

Sub.	Presente	Imperfecto	Pretérito	Futuro	Cond.	Perfecto
Yo	prohibo	prohibía	prohibí	prohibiré	prohibiría	he prohibido
Tú	prohibes	prohibías	prohibiste	prohibirás	prohibirías	has prohibido
Él Ella Ud.	prohibe	prohibía	prohibió	prohibirá	prohibiría	ha prohibido
Nos.	prohibimos	prohibíamos	prohibimos	prohibiremos	prohibiríamos	hemos prohibido
Vos.	prohibís	prohibíais	prohibisteis	prohibiréis	prohibiríais	habéis prohibido
Ellos Ellas Uds.	prohiben	prohibían	prohibieron	prohibirán	prohibirían	han prohibido

Nadar

to swim

Sub.	Presente	Imperfecto	Pretérito	Futuro	Cond.	Perfecto
Yo	nado	nadaba	nadé	nadaré	nadaría	he nadado
Tú	nadas	nadabas	nadaste	nadarás	nadarías	has nadado
Él Ella Ud.	nada	nadaba	nadó	nadará	nadaría	ha nadado
Nos.	nadamos	nadábamos	nadamos	nadaremos	nadaríamos	hemos nadado
Vos.	nadáis	nadabais	nadasteis	nadaréis	nadaríais	habéis nadado
Ellos Ellas Uds.	nadan	nadaban	nadaron	nadarán	nadarían	han nadado

Amar

to love

learnverbs.com

Sub.	Presente	Imperfecto	Pretérito	Futuro	Cond.	Perfecto
Yo	amo	amaba	amé	amaré	amaría	he amado
Tú	amas	amabas	amaste	amarás	amarías	has amado
Él Ella Ud.	ama	amaba	amó	amará	amaría	ha amado
Nos.	amamos	amábamos	amamos	amaremos	amaríamos	hemos amado
Vos.	amáis	amabais	amasteis	amaréis	amaríais	habéis amado
Ellos Ellas Uds.	aman	amaban	amaron	amarán	amarían	han amado

Saltar

to jump

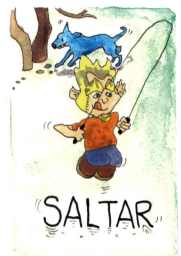

Sub.	Presente	Imperfecto	Pretérito	Futuro	Cond.	Perfecto
Yo	salto	saltaba	salté	saltaré	saltaría	he saltado
Tú	saltas	saltabas	saltaste	saltarás	saltarías	has saltado
Él Ella Ud.	salta	saltaba	saltó	saltará	saltaría	ha saltado
Nos.	saltamos	saltábamos	saltamos	saltaremos	saltaríamos	hemos saltado
Vos.	saltáis	saltabais	saltasteis	saltaréis	saltaríais	habéis saltado
Ellos Ellas Uds.	saltan	saltaban	saltaron	saltarán	saltarían	han saltado

to turn | **Girar**

learnverbs.com

Sub.	Presente	Imperfecto	Pretérito	Futuro	Cond.	Perfecto
Yo	giro	giraba	giré	giraré	giraría	he girado
Tú	giras	girabas	giraste	girarás	girarías	has girado
Él Ella Ud.	gira	giraba	giró	girará	giraría	ha girado
Nos.	giramos	girábamos	giramos	giraremos	giraríamos	hemos girado
Vos.	giráis	girabais	girasteis	giraréis	giraríais	habéis girado
Ellos Ellas Uds.	giran	giraban	giraron	girarán	girarían	han girado

Vigilar

to watch

🔊 learnverbs.com

Sub.	Presente	Imperfecto	Pretérito	Futuro	Cond.	Perfecto
Yo	vigilo	vigilaba	vigilé	vigilaré	vigilaría	he vigilado
Tú	vigilas	vigilabas	vigilaste	vigilarás	vigilarías	has vigilado
Él Ella Ud.	vigila	vigilaba	vigiló	vigilará	vigilaría	ha vigilado
Nos.	vigilamos	vigilábamos	vigilamos	vigilaremos	vigilaríamos	hemos vigilado
Vos.	vigiláis	vigilabais	vigilasteis	vigilaréis	vigilaríais	habéis vigilado
Ellos Ellas Uds.	vigilan	vigilaban	vigilaron	vigilarán	vigilarían	han vigilado

to return Volver

learnverbs.com

Sub.	Presente	Imperfecto	Pretérito	Futuro	Cond.	Perfecto
Yo	vuelvo	volvía	volví	volveré	volvería	he vuelto
Tú	vuelves	volvías	volviste	volverás	volverías	has vuelto
Él Ella Ud.	vuelve	volvía	volvió	volverá	volvería	ha vuelto
Nos.	volvemos	volvíamos	volvimos	volveremos	volveríamos	hemos vuelto
Vos.	volvéis	volvíais	volvisteis	volveréis	volveríais	habéis vuelto
Ellos Ellas Uds.	vuelven	volvían	volvieron	volverán	volverían	han vuelto

Andar

to walk

🔊 learnverbs.com

Sub.	Presente	Imperfecto	Pretérito	Futuro	Cond.	Perfecto
Yo	ando	andaba	anduve	andaré	andaría	he andado
Tú	andas	andabas	anduviste	andarás	andarías	has andado
Él Ella Ud.	anda	andaba	anduvo	andará	andaría	ha andado
Nos.	andamos	andábamos	anduvimos	andaremos	andaríamos	hemos andado
Vos.	andáis	andabais	anduvisteis	andaréis	andaríais	habéis andado
Ellos Ellas Uds.	andan	andaban	anduvieron	andarán	andarían	han andado

to ask (for) — Pedir

Sub.	Presente	Imperfecto	Pretérito	Futuro	Cond.	Perfecto
Yo	pido	pedía	pedí	pediré	pediría	he pedido
Tú	pides	pedías	pediste	pedirás	pedirías	has pedido
Él / Ella / Ud.	pide	pedía	pidió	pedirá	pediría	ha pedido
Nos.	pedimos	pedíamos	pedimos	pediremos	pediríamos	hemos pedido
Vos.	pedís	pedíais	pedisteis	pediréis	pediríais	habéis pedido
Ellos / Ellas / Uds.	piden	pedían	pidieron	pedirán	pedirían	han pedido

Entrar   to enter

🔊 learnverbs.com

Sub.	Presente	Imperfecto	Pretérito	Futuro	Cond.	Perfecto
Yo	entro	entraba	entré	entraré	entraría	he entrado
Tú	entras	entrabas	entraste	entrarás	entrarías	has entrado
Él / Ella / Ud.	entra	entraba	entró	entrará	entraría	ha entrado
Nos.	entramos	entrábamos	entramos	entraremos	entraríamos	hemos entrado
Vos.	entráis	entrabais	entrasteis	entraréis	entraríais	habéis entrado
Ellos / Ellas / Uds.	entran	entraban	entraron	entrarán	entrarían	han entrado

Llamar

to call

🔊 learnverbs.com

Sub.	Presente	Imperfecto	Pretérito	Futuro	Cond.	Perfecto
Yo	llamo	llamaba	llamé	llamaré	llamaría	he llamado
Tú	llamas	llamabas	llamaste	llamarás	llamarías	has llamado
Él / Ella / Ud.	llama	llamaba	llamó	llamará	llamaría	ha llamado
Nos.	llamamos	llamábamos	llamamos	llamaremos	llamaríamos	hemos llamado
Vos.	llamáis	llamabais	llamasteis	llamaréis	llamaríais	habéis llamado
Ellos / Ellas / Uds.	llaman	llamaban	llamaron	llamarán	llamarían	han llamado

Venir

to come

learnverbs.com

Sub.	Presente	Imperfecto	Pretérito	Futuro	Cond.	Perfecto
Yo	vengo	venía	vine	vendré	vendría	he venido
Tú	vienes	venías	viniste	vendrás	vendrías	has venido
Él Ella Ud.	viene	venía	vino	vendrá	vendría	ha venido
Nos.	venimos	veníamos	vinimos	vendremos	vendríamos	hemos venido
Vos.	venís	veníais	vinisteis	vendréis	vendríais	habéis venido
Ellos Ellas Uds.	vienen	venían	vinieron	vendrán	vendrían	han venido

Seguir

to follow

Sub.	Presente	Imperfecto	Pretérito	Futuro	Cond.	Perfecto
Yo	sigo	seguía	seguí	seguiré	seguiría	he seguido
Tú	sigues	seguías	seguiste	seguirás	seguirías	has seguido
Él Ella Ud.	sigue	seguía	siguió	seguirá	seguiría	ha seguido
Nos.	seguimos	seguíamos	seguimos	seguiremos	seguiríamos	hemos seguido
Vos.	seguís	seguíais	seguisteis	seguiréis	seguiríais	habéis seguido
Ellos Ellas Uds.	siguen	seguían	siguieron	seguirán	seguirían	han seguido

Arrestar

to arrest

Sub.	Presente	Imperfecto	Pretérito	Futuro	Cond.	Perfecto
Yo	arresto	arrestaba	arresté	arrestaré	arrestaría	he arrestado
Tú	arrestas	arrestabas	arrestaste	arrestarás	arrestarías	has arrestado
Él Ella Ud.	arresta	arrestaba	arrestó	arrestará	arrestaría	ha arrestado
Nos.	arrestamos	arrestábamos	arrestamos	arrestaremos	arrestaríamos	hemos arrestado
Vos.	arrestáis	arrestabais	arrestasteis	arrestaréis	arrestaríais	habéis arrestado
Ellos Ellas Uds.	arrestan	arrestaban	arrestaron	arrestarán	arrestarían	han arrestado

to wait — Esperar

Sub.	Presente	Imperfecto	Pretérito	Futuro	Cond.	Perfecto
Yo	espero	esperaba	esperé	esperaré	esperaría	he esperado
Tú	esperas	esperabas	esperaste	esperarás	esperarías	has esperado
Él Ella Ud.	espera	esperaba	esperó	esperará	esperaría	ha esperado
Nos.	esperamos	esperábamos	esperamos	esperaremos	esperaríamos	hemos esperado
Vos.	esperáis	esperabais	esperasteis	esperaréis	esperaríais	habéis esperado
Ellos Ellas Uds.	esperan	esperaban	esperaron	esperarán	esperarían	han esperado

Saludar

to wave

Sub.	Presente	Imperfecto	Pretérito	Futuro	Cond.	Perfecto
Yo	saludo	saludaba	saludé	saludaré	saludaría	he saludado
Tú	saludas	saludabas	saludaste	saludarás	saludarías	has saludado
Él Ella Ud.	saluda	saludaba	saludó	saludará	saludaría	ha saludado
Nos.	saludamos	saludábamos	saludamos	saludaremos	saludaríamos	hemos saludado
Vos.	saludáis	saludabais	saludasteis	saludaréis	saludaríais	habéis saludado
Ellos Ellas Uds.	saludan	saludaban	saludaron	saludarán	saludarían	han saludado

to travel — Viajar

learnverbs.com

Sub.	Presente	Imperfecto	Pretérito	Futuro	Cond.	Perfecto
Yo	viajo	viajaba	viajé	viajaré	viajaría	he viajado
Tú	viajas	viajabas	viajaste	viajarás	viajarías	has viajado
Él Ella Ud.	viaja	viajaba	viajó	viajará	viajaría	ha viajado
Nos.	viajamos	viajábamos	viajamos	viajaremos	viajaríamos	hemos viajado
Vos.	viajáis	viajabais	viajasteis	viajaréis	viajaríais	habéis viajado
Ellos Ellas Uds.	viajan	viajaban	viajaron	viajarán	viajarían	han viajado

Chocar

to crash

🔊 learnverbs.com

Sub.	Presente	Imperfecto	Pretérito	Futuro	Cond.	Perfecto
Yo	choco	chocaba	choqué	chocaré	chocaría	he chocado
Tú	chocas	chocabas	chocaste	chocarás	chocarías	has chocado
Él Ella Ud.	choca	chocaba	chocó	chocará	chocaría	ha chocado
Nos.	chocamos	chocábamos	chocamos	chocaremos	chocaríamos	hemos chocado
Vos.	chocáis	chocabais	chocasteis	chocaréis	chocaríais	habéis chocado
Ellos Ellas Uds.	chocan	chocaban	chocaron	chocarán	chocarían	han chocado

to repair — Reparar

Sub.	Presente	Imperfecto	Pretérito	Futuro	Cond.	Perfecto
Yo	reparo	reparaba	reparé	repararé	repararía	he reparado
Tú	reparas	reparabas	reparaste	repararás	repararías	has reparado
Él Ella Ud.	repara	reparaba	reparó	reparará	repararía	ha reparado
Nos.	reparamos	reparábamos	reparamos	repararemos	repararíamos	hemos reparado
Vos.	reparáis	reparabais	reparasteis	repararéis	repararíais	habéis reparado
Ellos Ellas Uds.	reparan	reparaban	repararon	repararán	repararían	han reparado

Callar

to be quiet

learnverbs.com

Sub.	Presente	Imperfecto	Pretérito	Futuro	Cond.	Perfecto
Yo	callo	callaba	callé	callaré	callaría	he callado
Tú	callas	callabas	callaste	callarás	callarías	has callado
Él Ella Ud.	calla	callaba	calló	callará	callaría	ha callado
Nos.	callamos	callábamos	callamos	callaremos	callaríamos	hemos callado
Vos.	calláis	callabais	callasteis	callaréis	callaríais	habéis callado
Ellos Ellas Uds.	callan	callaban	callaron	callarán	callarían	han callado

to light   Encender

learnverbs.com

Sub.	Presente	Imperfecto	Pretérito	Futuro	Cond.	Perfecto
Yo	enciendo	encendía	encendí	encenderé	encendería	he encendido
Tú	enciendes	encendías	encendiste	encenderás	encenderías	has encendido
Él Ella Ud.	enciende	encendía	encendió	encenderá	encendería	ha encendido
Nos.	encendemos	encendíamos	encendimos	encenderemos	encenderíamos	hemos encendido
Vos.	encendéis	encendíais	encendisteis	encenderéis	encenderíais	habéis encendido
Ellos Ellas Uds.	encienden	encendían	encendieron	encenderán	encenderían	han encendido

Llevar

to carry

Sub.	Presente	Imperfecto	Pretérito	Futuro	Cond.	Perfecto
Yo	llevo	llevaba	llevé	llevaré	llevaría	he llevado
Tú	llevas	llevabas	llevaste	llevarás	llevarías	has llevado
Él Ella Ud.	lleva	llevaba	llevó	llevará	llevaría	ha llevado
Nos.	llevamos	llevábamos	llevamos	llevaremos	llevaríamos	hemos llevado
Vos.	lleváis	llevabais	llevasteis	llevaréis	llevaríais	habéis llevado
Ellos Ellas Uds.	llevan	llevaban	llevaron	llevarán	llevarían	han llevado

Cortar

to cut

learnverbs.com

Sub.	Presente	Imperfecto	Pretérito	Futuro	Cond.	Perfecto
Yo	corto	cortaba	corté	cortaré	cortaría	he cortado
Tú	cortas	cortabas	cortaste	cortarás	cortarías	has cortado
Él Ella Ud.	corta	cortaba	cortó	cortará	cortaría	ha cortado
Nos.	cortamos	cortábamos	cortamos	cortaremos	cortaríamos	hemos cortado
Vos.	cortáis	cortabais	cortasteis	cortaréis	cortaríais	habéis cortado
Ellos Ellas Uds.	cortan	cortaban	cortaron	cortarán	cortarían	han cortado

Hacer

to make

learnverbs.com

Sub.	Presente	Imperfecto	Pretérito	Futuro	Cond.	Perfecto
Yo	hago	hacía	hice	haré	haría	he hecho
Tú	haces	hacías	hiciste	harás	harías	has hecho
Él Ella Ud.	hace	hacía	hizo	hará	haría	ha hecho
Nos.	hacemos	hacíamos	hicimos	haremos	haríamos	hemos hecho
Vos.	hacéis	hacíais	hicisteis	haréis	haríais	habéis hecho
Ellos Ellas Uds.	hacen	hacían	hicieron	harán	harían	han hecho

Grabar

to record

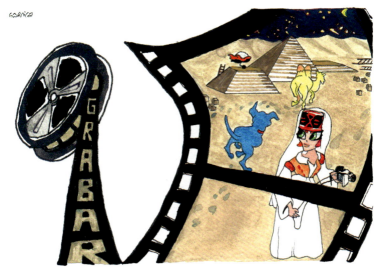

🔊 learnverbs.com

Sub.	Presente	Imperfecto	Pretérito	Futuro	Cond.	Perfecto
Yo	grabo	grababa	grabé	grabaré	grabaría	he grabado
Tú	grabas	grababas	grabaste	grabarás	grabarías	has grabado
Él/Ella/Ud.	graba	grababa	grabó	grabará	grabaría	ha grabado
Nos.	grabamos	grabábamos	grabamos	grabaremos	grabaríamos	hemos grabado
Vos.	grabáis	grababais	grabasteis	grabaréis	grabaríais	habéis grabado
Ellos/Ellas/Uds.	graban	grababan	grabaron	grabarán	grabarían	han grabado

Comer   to eat

🔊 learnverbs.com

Sub.	Presente	Imperfecto	Pretérito	Futuro	Cond.	Perfecto
Yo	como	comía	comí	comeré	comería	he comido
Tú	comes	comías	comiste	comerás	comerías	has comido
Él Ella Ud.	come	comía	comió	comerá	comería	ha comido
Nos.	comemos	comíamos	comimos	comeremos	comeríamos	hemos comido
Vos.	coméis	comíais	comisteis	comeréis	comeríais	habéis comido
Ellos Ellas Uds.	comen	comían	comieron	comerán	comerían	han comido

Pasear

to stroll

Sub.	Presente	Imperfecto	Pretérito	Futuro	Cond.	Perfecto
Yo	paseo	paseaba	paseé	pasearé	pasearía	he paseado
Tú	paseas	paseabas	paseaste	pasearás	pasearías	has paseado
Él Ella Ud.	pasea	paseaba	paseó	paseará	pasearía	ha paseado
Nos.	paseamos	paseábamos	paseamos	pasearemos	pasearíamos	hemos paseado
Vos.	paseáis	paseabais	paseasteis	pasearéis	pasearíais	habéis paseado
Ellos Ellas Uds.	pasean	paseaban	pasearon	pasearán	pasearían	han paseado

Estar

100

to be

learnverbs.com

Sub.	Presente	Imperfecto	Pretérito	Futuro	Cond.	Perfecto
Yo	estoy	estaba	estuve	estaré	estaría	he estado
Tú	estás	estabas	estuviste	estarás	estarías	has estado
Él Ella Ud.	está	estaba	estuvo	estará	estaría	ha estado
Nos.	estamos	estábamos	estuvimos	estaremos	estaríamos	hemos estado
Vos.	estáis	estabais	estuvisteis	estaréis	estaríais	habéis estado
Ellos Ellas Uds.	están	estaban	estuvieron	estarán	estarían	han estado

to stop — **Parar**

learnverbs.com

Sub.	Presente	Imperfecto	Pretérito	Futuro	Cond.	Perfecto
Yo	paro	paraba	paré	pararé	pararía	he parado
Tú	paras	parabas	paraste	pararás	pararías	has parado
Él / Ella / Ud.	para	paraba	paró	parará	pararía	ha parado
Nos.	paramos	parábamos	paramos	pararemos	pararíamos	hemos parado
Vos.	paráis	parabais	parasteis	pararéis	pararíais	habéis parado
Ellos / Ellas / Uds.	paran	paraban	pararon	pararán	pararían	han parado

Indice

abrir	to open	15
acabar	to finish	54
amar	to love	75
andar	to walk	80
aprender	to learn	50
arrestar	to arrest	86
bailar	to dance	7
bajar	to go down	19
beber	to drink	16
besar	to kiss	68
buscar	to look for	27
caer	to fall	26
callar	to be quiet	92
cambiar	to change	49
cantar	to sing	17
casarse	to get married	72
cerrar	to close	38
chocar	to crash	90
cocinar	to cook	13
comer	to eat	98
comprar	to buy	69
conducir	to drive	58
construir	to construct	61
contar	to count	59
correr	to run	25
cortar	to cut	95
crear	to create	5
crecer	to grow	11
dar	to give	66
decidir	to decide	47
dejar	to quit	9
despertar	to wake up	24
dirigir	to direct	1
dormir	to sleep	18
ducharse	to shower	29
empezar	to start	53
encender	to light	93
encontrar	to find	10
entrar	to enter	82
escribir	to write	64
esperar	to wait ...hope	87
estar	to be	100
estudiar	to study	51
evaluar	to test	57
ganar	to win	55
girar	to turn	77
grabar	to record	97
gritar	to scream	34
gustar	to like	14
hablar	to speak	42
hacer	to make	96
ir	to go	71
jugar	to play	21
leer	to read	8
limpiar	to clean	62
llamar	to call	83
llegar	to arrive	32
llevar	to carry	94
llover	to rain	41
mentir	to lie	56
mostrar	to show	67
nadar	to swim	74
oír	to hear	35
olvidar	to forget	39
ordenar	to organise	60
pagar	to pay	70
parar	to stop	101
pasear	to stroll	99
patear	to kick	44
pedir	to ask (for)	81
peinarse	to comb	30
pelear	to fight	36
pensar	to think	45
perder	to lose	23
pintar	to paint	6
poder	to be able to	4
poner	to put	22
prohibir	to forbid	73
pulir	to polish	63
querer	to want	3
recibir	to receive	65
recordar	to remember	40
reparar	to repair	91
saber	to know	48
salir	to go out	28
saltar	to jump	76
saludar	to wave	88
seguir	to follow	85
sentarse	to sit down	20
separar	to separate	37
ser	to be	46
soñar	to dream	52
tener	to have	2
traer	to bring	12
tropezar	to trip	43
venir	to come	84
ver	to see	33
vestirse	to get dressed	31
viajar	to travel	89
vigilar	to watch	78
volver	to return	79

Index

arrest	arrestar	86
arrive	llegar	32
ask (for)	pedir	81
be	ser	46
be	estar	100
be able to	poder	4
be quiet	callar	92
bring	traer	12
buy	comprar	69
call	llamar	83
carry	llevar	94
change	cambiar	49
clean	limpiar	62
comb	peinarse	30
close	cerrar	38
come	venir	84
construct	construir	61
cook	cocinar	13
count	contar	59
crash	chocar	90
create	crear	5
cut	cortar	95
dance	bailar	7
decide	decidir	47
direct	dirigir	1
dream	soñar	52
drink	beber	16
drive	conducir	58
eat	comer	98
enter	entrar	82
fall	caer	26
fight	pelear	36
find	encontrar	10
finish	acabar	54
follow	seguir	85
forbid	prohibir	73
forget	olvidar	39
get dressed	vestirse	31
get married	casarse	72
give	dar	66
go	ir	71
go down	bajar	19
go out	salir	28
grow	crecer	11
have	tener	2
hear	oír	35
jump	saltar	76
kick	patear	44
kiss	besar	68
know	saber	48
learn	aprender	50
to lie	mentir	56
to light	encender	93
to like	gustar	14
to look for	buscar	27
to lose	perder	23
to love	amar	75
to make	hacer	96
to open	abrir	15
to organise	ordenar	60
to paint	pintar	6
to pay	pagar	70
to play	jugar	21
to polish	pulir	63
to put	poner	22
to quit	dejar	9
to rain	llover	41
to read	leer	8
to receive	recibir	65
to record	grabar	97
to remember	recordar	40
to repair	reparar	91
to return	volver	79
to run	correr	25
to see	ver	33
to separate	separar	37
to scream	gritar	34
to show	mostrar	67
to shower	ducharse	29
to sing	cantar	17
to sit down	sentarse	20
to sleep	dormir	18
to speak	hablar	42
to start	empezar	53
to stop	parar	101
to stroll	pasear	99
to study	estudiar	51
to swim	nadar	74
to test	evaluar	57
to think	pensar	45
to travel	viajar	89
to trip	tropezar	43
to turn	girar	77
to wait	esperar	87
to wake up	despertar	24
to walk	andar	80
to want	querer	3
to watch over	vigilar	78
to wave	saludar	88
to win	ganar	55
to write	escribir	64

Picture Challenge

1. Who is the lion trying to protect on page 98?
2. What is the occupation of the man who sits on the chair on page 2?
3. What is the dog's name?
4. What happens to the gambler later on in the book after he loses all his money?
5. Where does the man get the flowers from on page 66?
6. How does the teacher know the student is lying on page 56?
7. What did the artist forget to draw on page 81?
8. What is different about the woman on page 64?
9. How many times does the thief appear in this book?

Test Visual

1. ¿A quién intenta proteger el león de la página 98?
2. ¿A qué se dedica el hombre sentado en la silla de la página 2?
3. ¿Cómo se llama el perro?
4. ¿Qué le ocurre al jugador cuando pierde todo su dinero?
5. ¿De dónde saca el hombre de la página 66 las flores?
6. ¿Cómo sabe el profesor de la página 56 que el alumno le está mintiendo?
7. ¿Qué olvidó dibujar el artista de la página 81?
8. ¿Qué hay de extraño en la mujer de la página 64?
9. ¿Cuantas veces aparece el ladrón en este libro?

Acknowledgements

Julian Wilkins, Xavier Ortiz, Olivia Branco, Barnaby Irving, Tristan Phipps, Ana Lucia Umpierre Leite, Marcela Slade (Book Cover Design), Jody Deane, Ina Wolbers, Nia, Natalia, Marta Lamolla, Joachim von Hülsen, Betty (the French girl), Pru and Chatter.

Rosamund Place, Jane Gaggero, Jeanie Eldon (Catalan teacher.)

Chris Ryland (*emsoftware*) For Xdata.

Special thanks to Dr. Josep-Lluís González Medina who not only reviewed the book but gave valuable feedback on the 1st edition so that the 2nd edition could be perfected. I would also like to thank the four students (also from Eton) for their constuctive feedback which helped with the last minute changes - Freddie Caldecott, Adeola Afolami, Charlie Donaldson and George Prior-Palmer.

Sue Tricio, Suzi Turner, Mrs K Merino, Maggie Bowen, Karen Brooks, Susana Boniface, Sandra Brown Hart, Mrs. R. Place, Mrs. A. Coles, Lynda McTier, Christine Ransome, Ann Marie Butemann, Paul Delaney, Mrs. Eames, Mrs. G. Bartolome, Dr. Marianne Ofner, Gail Bruce, Janet R. Holland, Cheryl Smedley, Mrs. C. Quirk, Will Fergie, Alice Dobson, Tamara Oughtred, Cathy Yates, Tessa Judkins, Andy Lowe, Andrea White and Kant Mann.

Thanks Fran for your talent, enthusiasm and professionalism, you're a great artist!!!

About the Author

Rory Ryder created the idea and concept of *Learn 101 Verbs in 1 Day* after finding most verb books time consuming and outdated. Most of the people he spoke to, found it very frustrating trying to remember the verbs and conjugations simply by repetition. He decided to develop a book that makes it easy to remember the key verbs and conjugations but which is also fun and very simple to use. Inspired by Barcelona, where he now lives, he spends the majority of his time working on new and innovative ideas.

Sobre el Autor

Rory Ryder ideó la colección *Aprende 101 verbos en 1 día* tras descubrir que la mayoría de gramáticas basaban el aprendizaje de los verbos y sus conjugaciones en la repetición constante de estructuras. Un enfoque anticuado que exige un gran esfuerzo al alumno, provocando muchas veces su desinterés. Este método convierte al lector en sujeto activo, haciendo del estudio verbal una actividad fácil, agradable y amena. Una concepción creativa e innovadora, inspirada en Barcelona, ciudad donde reside actualmente.

Other Tsunami Systems Books
Otros títulos de Tsunami Systems

Learn 101 Verbs in 1 Day Series

Learn 101 Catalan Verbs in 1 Day	-	ISBN 84-609-5468-4
Learn 101 English Verbs in 1 Day	-	ISBN 84-609-4541-3
Learn 101 French Verbs in 1 Day	-	ISBN 84-609-4545-6
Learn 101 German Verbs in 1 Day	-	ISBN 84-609-4537-5
Learn 101 Italian Verbs in 1 Day	-	ISBN 84-609-4540-5
Learn 101 Portuguese Verbs in 1 Day	-	ISBN 84-609-4543-X
Learn 101 Spanish Verbs in 1 Day	-	ISBN 84-609-4539-1
Learn 101 Spanish Verbs in 1 Day (large format)	-	ISBN 84-607-9637-X
Learn 101 Phrasal Verbs in 1 Day	-	ISBN 84-609-5469-2

Aprende en 1 Día 101 Verbos

Aprende en 1 Día 101 Verbos en Alemán	-	ISBN 84-609-5463-3
Aprende en 1 Día 101 Verbos en Catalán	-	ISBN 84-609-4547-2
Aprende en 1 Día 101 Verbos en Español	-	ISBN 84-609-5466-8
Aprende en 1 Día 101 Verbos en Francés	-	ISBN 84-609-4549-9
Aprende en 1 Día 101 Verbos en Inglés	-	ISBN 84-609-4552-9
Aprende en 1 Día 101 Verbos en Italiano	-	ISBN 84-609-5467-6
Aprende en 1 Día 101 Verbos en Portugués	-	ISBN 84-609-5465-X
Aprende en 1 Día 101 *Phrasal Verbs* en Inglés	-	ISBN 84-609-4548-0